붐
정대구 시집

| 인지 |
| 생략 |

들꽃시인선 17
붑

지은이/정대구
펴낸이/문창길
초판인쇄/2023년 07월 25일
초판펴냄/2023년 07월 30일
펴낸곳/도서출판 들꽃
주소/100-273 서울 중구 서애로 27 서울캐피탈빌딩 B2-2호
전화/02)2267-6833, 2273-1506
팩스/02)2268-7067
출판등록/제2-0313호
E-mail:dlkot108@hanmail.net

값 10,000원
* 파본된 책은 바꾸어 드립니다.

ISBN 978-89-6143-229-0 03810

* 이 시집은 '경기도' 와 '경기문화재단' 의 '2021 경기도 문학분야 원로예술인 창작활동 지원사업' 지원을 받아 제작되었습니다.

정대구ⓒ2023

들꽃시인선 17

붐
정대구 시집

| 시인의 말 |

시인은 사상가도 철학자도 아니고
과학자나 성인은 더더욱 아니다 부부간에도
울고 웃고 부대끼며 속세를 살아가는
고통을 어렵게 나누며
그날그날 속인으로 평범하게
살아가는 생활인일 뿐이다

하지만 이웃과 더불어
동시대를 증언하는 사람으로서
시인은 역사에 남을 것이다

2023년 여름
지화자농장에서 야해라 정 대 구

| 붐 |

차례

시인의 말 _5

제1부 '부부'가 '붐'이 되기까지

'부부'가 '붐'이 되기까지 _12
나, 나의 반성 나의 맹서 _15
난방비 _18
눈물이 주르르 _19
대용식 _21
마누라 _22
마음에 들인 정자 한 채 _23
부부의 날에 _25
부부의 업보 - 못이 별이 되어 _26
부부탐구 _28
스트레스 즐기기 _30
쓰리랑 부부 _31
아낌없이 내줍니다 _32
어떻게 알았는지 _34
인욕스님 찬제바리 _36
인忍 _38

| 봄 |

제2부 고추를 따면서

고추를 따면서 _42
구두를 보내며 _43
기껏 처먹고 티비나 보고 있는 너는 누구인가 _45
나를 위하여 세상을 위하여 _47
내 여인은 냉장고 _49
돼지보다 더 낮은 수준으로
  나는 아내에게 사육 당한다 · 2 _50
사모님 _52
신발의 궁합 _53
아내에게 먹히는 시 _54
어머니의 木쟁반 _56
역원근법 _57
우기의 시 · 2 _58
위대한 김연복 여사 _60
창문을 바꾸어 달면서 · 2 _63
평화주의자 구선생을 위하여 _65
하늘 沼 _67

| 붐 |

제3부 꽝

55 그리고 朋 _70
개똥참외 - 야생은 모두 셀프 _72
겨울밤에 _73
기우인가 관심인가 _74
꽃이여 이제 겨우 - 희에게 _76
꽝 _78
두 여인을 찾아서 _79
떡 _81
먹장구름 · 2 _83
사랑받는 지어미 _84
어버이날을 맞아 _86
우리 설날 _88
이산가족 찾기 _89
할아버진 만날 어린아이 _90
화장실에서 _92

| 붐 |

제4부 너도 밤나무냐 나도 밤나무다

21세기 보름달 _94
못. - 어머니의 筆跡 _95
냉이와 달래 _96
너도 밤나무냐 나도 밤나무다 - 현대시 전시장에서 _97
농자천하지대본 - 농사꾼의 자부심 _99
볼펜탑 _100
비빔밥 비벼먹기 _102
홍성대는 사강 회센터에서 _104
사탕을 먹는 방식과 사탕의 정의 _106
자판기 _108
제 눈의 안경 _110
조개 하나 손바닥 위에 올려놓고 _112
조개를 구워먹으며 _113
조개와 열쇠의 상관어법 _114
조개와 조개박사 _115
큰 눈 온 날에 희비극 _117

작품해설_
박주하 · 모순을 품고 달관의 세계로 걸어가기 _120

제1부

'부부'가 '붐'이 되기까지

'부부'가 '붑'이 되기까지

　예수님은 결혼도 못한 서른세 살 젊은 나이에 십자가에 못 박혔다 하고
　부처님은 야소다라비와 결혼하여 아들 라훌라를 두었다지만
　아직 달콤한 신혼이나 다름없는 29세에 집을 나왔다 하고
　공자님 역시 외아들 鯉를 낳았지만 집에 붙어 있지 못하고
　상갓집 개처럼 세상을 떠돌았다 하니
　일찍이 장가들어 생기는 대로 아이 낳아 키워내고
　은혼 금혼을 넘어 회혼을 바라보는 나는 누군가
　젊었을 때는 아옹다옹 티격태격 사랑싸움도 하면서
　우려내는 퀴퀴하고 시금털털한 맛 묵혀왔지만
　나이 들어갈수록 점점 심해지는 눈 흘김과 꽥 소리 지름
　온갖 참견 그 많은 구박 다 받아가며 까닭 없이 들들 들 볶이며
　일방적으로 당하기만 하는 결혼생활 힘들어

하루에도 몇 번씩 이혼을 꿈꾸며 꿈으로 끝내고
모멸과 수치의 나날을 살아가는 나 왜 사는지
전지전능하고 대자대비하고 생이지지했다는 그들이 알까
다른 건 몰라도 애송이 예수님은 나를 이해하지 못할 것이고
결혼 초반에 가정을 버린 부처님도 마찬가지 나를 모를 것이고
가부장적 권위만을 앞세워 마나님을 쫓아낸 공자님도 다를 게 없어
쇠심줄같이 질기디 질긴 부부의 끈을 이어가며
부부夫婦가 부부婦夫로 어느 새 자리바꿈하고
다시 부夫의 존재가 마모되어
부부는 일심동체 부부婦夫가 둘 아닌 붑이 되기까지
견디어온 아픔 정말 장하다 할까
어리석다 할까
21세기 대한민국의 남편들
실은 부처님 오신 날이면서 부부의 날인 오늘
몇 송이 꽃을 바쳐 볼까
맛있는 외식으로 유도해 볼까
몇 번의 경험으로 미루어
일심동체一心同體는 결코 쉽지 않아
백방百方이 백방白放으로 끝날 수도 있어

붉의 꿈도 물 건너가고
말짱 도루묵 나무아미타불 아멘
나무관세음보살 아멘

*사마천의 사기 공자열전에서

나, 나의 반성 나의 맹서

나, 나라는 사람은 나쁜 사람입니다
밴댕이 소갈머리에 쥐머리에 소견머리 소갈딱지 없고
방정맞고 게으르고 못 참고 못 하나 못 박는 무엇도 할 줄 모르는 무능한 사람
남을 배려 못하고 저만 아는, 저만 위하는
이루 다 말할 수 없이 아주 나쁜 사람입니다 나는

평생 살을 맞대고 살아오며
가장 가까이서 나를 지켜봤을 내 아내의 입에서 쏟아져 나온 말들이니
맞겠지요 나는 정말 밥만 축내는 나쁜 남편입니다
이루 다 말할 수 없이 아주 나쁜 놈입니다

남들은 나를 순한 사람 편한 사람 양보할 줄 아는 사람 너그러운 사람 마음 넓고 이해심 많은 사람 적응 잘하고 잘 참고 잘 견디는 사람 어쩌고저쩌고 말들 하는데

다 틀렸습니다

나를 아는 대부분의 사람들
오랜 고향 친구들 오랫동안 같이했던 직장동료들 오랜 제자들
상당한 이해관계가 얽힌 사람들 오다가다 한두 번 만난 사람들까지
남들은 남들일 뿐인데 날 알면 얼마나 알겠습니까
다 틀렸습니다 그게 아닙니다
이십 초반에 만나 팔십 넘도록 오랜 세월동안 시간과 공간을 같이 쓰고 나눈 내 아내
그 누구보다 나를 잘 안다는 내 아내는 이 모두를 한꺼번에 다 부정합니다
모두 틀리고 그 반대입니다
아내의 소신은 오로지 그 반대말입니다

슬픈 일입니다 나는 지금 아주 슬픕니다
앞으로 남은 세월동안 우선적으로 아내에게 더 잘해야겠습니다
만인에게 인정받기보다
단 한 사람 내 아내가 눈곱만치라도 긍정해 주는 말을 듣고 싶습니다
나는 애처가인가요 공처가인가요

아, 이 시각부터 애처가요 공처가

나를 오롯이 비우고 오로지 아내에게 올인, 어린 양같이 순종만 하겠습니다

난방비

외출할 때 입어야할 외투를 방안에서 입는다 나는
그럼에도 불구하고 오랫동안 각방을 쓰는 아내는
내방에서 난방비를 올린다고 투덜댄다

'어허, 오늘부턴 합방합시다'

눈물이 주르르

오늘 아침 아내가 포문을 엽니다
연속극에 푹 빠져있던 아내가
티브이도 함께 볼 수 없다면서
당신은, 당신이란 인간은 빵점 빵빵빵 빵의 빵점이라는군요

순간 내 귀를 의심하는 나는 왠지 눈물이 주르르
아내 말고 누가 나에게 빵점을 줄 수 있단 말입니까
고맙습니다 눈물 나게 빵을 많이 줘서

『희망의 나이』라는 모시인의 시집이 있지요
지금 이 나이에도 나는 아내에 대한 희망을 놓지 않습니다
오늘도 오늘보다 더한 괴로운 나날일지라도
지금부터가 바로 희망의 나이입니다

그렇지만 왠지 나는 눈물이 핑 돌아
한마디 반박도 못하고

언제까지 져주는 전략에
속안으로 자꾸 눈물이 주르르…

그럼에도 불구하고
나는 절대 아내를 포기 못합니다

* 『희망의 나이』 김정환 시집(창비 1992)

대용식

일 안 한 자 먹지도 말라고

안한 게 아니고 못한 건데

아무튼 무조건 무일무밥

아내가 밥 대신 욕을 퍼 붓는다

고맙다 욕도 많이 먹으니 배가 부르다

마누라

하루에 열두 번도 더 나와 헤어지는 여자

내 머릿속 내 가슴속 내 꿈속까지 들어와

온통 나를 다 차지하는 단 한 사람의 여자

마음에 들인 정자 한 채

　물질적 무소유를 꿈꾸는 내가 유일하게 소유한 정자 한 채

　마음속에 들였습니다

　마누라하고 시시비비 비시시 시비비시 비비시'

　뭐라 뭐라 가리고 싶지 않을 때

　세상만사 이런저런 근심걱정 쌓일 때

　뭉치고 맺혀 마음 답답 울컥울컥 불같이 치밀어 오르는 것이 있을 때

　느긋이 정자에 올라 시원한 바람 쐬어가며

　모든 시비是非 비시非是

즉시즉시 다 꺼내어 마음에 담아두지 않고 곧 날려버려

잊어버려 사통팔달 허공에 묻어버려

높은 벼랑 끝

깊은 물가

눈길 끄는 조망

풍광이 아름다운 곳에

맑은 바람 드나드는

날아갈 듯 날렵한 정자 한 채

내 마음에 들여 아무 걱정 없어 나는

*김삿갓의 是非詩의 변용

부부의 날에

가정의 달 5월하고도 21일은 부부의 날
두(2) 사람이 만나 하나(1) 되었다나

전생의 원수가 만나 부부가 된다는데
둘은 몇 번을 죽었다 깨어나도 하나가 될 수 없는 것

부부불이夫婦不二란 다만 둘이 아니랄 뿐이지
하나 된다는 말은 아니잖아

부부가 사랑하면서 싸우면서 우려내는
퀴퀴하고 시금털털한 맛

1년 365일이 따로 없이 만날 부부의 날이지

부부의 업보
-못이 별이 되어

　부부의 연을 누가 전생원수의 만남이라 했나. 정말로 말도 못 붙이게 통통 쏘아대거나 쾅쾅 박아대는 그녀의 바늘 같고 말뚝 같은 말, 말들이 내 가슴에 못을 박습니다. 날마다, 날마다

　처음엔 아니 이럴 수가 깜짝 놀라고 아파서 소리도 지르고 피를 줄줄 흘렸습니다만 '나는 없다'¨ 스스로 나는 죽고 없다 다짐하며 이러기를 수십 년 살다보니 언제부턴가 그 못들이 모두 별 되어 못받이 내 가슴에, 내 몸통에 반짝반짝 별들로 꽉 찼습니다

　큰 못은 큰 별이 되고 작은 못은 작은 별이 되어 별들로 뭉쳐진 온몸이 환한 빛이 되어 바야흐로 부처님이나 예수님처럼 어두운 세상 다 밝히려나 봅니다.

　예수님도 못 박혀 빛나고 부처님도 마디마디 몸 찢겨도 아프지 않는 통증 지나 부처님 되었듯이" 두고두고 몇 생을 더해야 부부의 연 다 갚겠는지요. 결혼을 못한 예수님도 일찍 출가한 부처님도 이 고통만은 모를 겁니다. 아니 전지전능, 알고서 미리 대처하신 건가요.

*無我相無人相無衆生相無壽者相(금강경 14분) 활용.
**我於往昔節節支解時 若有我相人相衆生相壽者相 應生瞋恨(금강경 14분) 활용.

부부탐구

이럴 수가
매사 매번 이렇게 부딪칠 수가
동하면 서하고 서하면 동하고
좌하면 우하고 우하면 좌하고
나하면 너하고 너하면 나하고
서로 껴안고 뒹굴어도 안 되는 건 안 되는 것
그렇다고 애 못 낳은 것도 아니니
뜨거운 감정이 하나가 될 때이겠지만
부부조화 속은 알다가도 모를 일

삐걱거리는 어느 부부호에
두 사람이 서로 반쪽씩 양보해 하나로 만들든가
부부 중 어느 한 사람이 자신을 완전히 버려서
하나가 되도록 견뎌보라, 노력해 보라
끼어 든 건 순전히 나의 시건방진 말실수
너와 나가 판이한데 노력한다고 어떻게 부부일신이 될 것이며
 말로만 똑같은 '부부'지 가만히 들여다보면 부부에도

순서가 있어라
  부창부수夫唱婦隨든 부창부수婦唱夫隨든 주도권 싸움
  부부학 교과서처럼 안 되는 게 부부관계
  그러므로 부부불이는 헛된 주문
  부부불이夫婦不二가 부부불이가 아님을 보여주는
  이들 부부의 이빨 대 이빨, 묵언 대 묵언
  그러면서도
  잘도 아들 낳고 딸 낳아 끈끈하게 함께한 세월이 반백 년
  그렇다보니 지금 와서 찢어져라 그런다고 절대 갈라서지 않을 것

  전세의 원수가 만나 뜨거운 감정이 하나 되어 현세의 부부가 된다더니
  내세에 다시 부부로 만날 업보를 확실하게 해두자는 게 아닐는지
  티격태격 죽자 살자 살아가는 이들 부부

스트레스 즐기기

아내에게 지기 위해
더 둥그러져야겠다

자갈돌 같은 것
스트레스 같은 것 발 못 붙이게
스트레이트로 주르르 미끄러지게

아내의 바가지를
미끄럼 타듯 즐길 수 있게

쓰리랑 부부

두 사람이 별것 아닌 걸 가지고 피가 터질 듯이 다투는 것만 보면
이건 원수도 아닌 웬수
도저히 한 지붕 밑에 한 이불 덥고 못살 것 같다가도
언제 그랬냐는 듯 스리슬쩍 넘어가는 스리랑 부부
봄눈 녹아들듯 스르르 한 이불 속에 불이 나게 젖어들어
시시닥거리며 분명 두 몸이 한 몸 되어
그래서 부부는 부부불이 부부일신이라 하는가봐

한때 나도 그랬지 하지만 지금은 아냐
갈수록 험해지는 쓰리랑 고개를 넘기엔 내 힘이 달려
빨가벗고 두 손 들고 느닷없이 퍼붓는 소나기 다 맞아
대책 없이 즐기듯이 그냥 흠씬 두들겨 맞아
절로 소나기 끝날 때까지
피할 생각도 없이
한 주소 한 지붕 아래 두 하늘을 이고

아낌없이 내줍니다

연금통장 받자마자 곧바로 도장과 함께 내줬고
물려받은 내 몫의 두어 필지 논과 밭은 진작 내주고
무소유로 살아가나 싶었는데
그게 아니었습니다.
아직 나에겐 팔다리와 쥐머리가 붙어 있고
간과 쓸개가 있군요.
팔과 다리도 하나하나 차례로 내주고
쥐머리도 간도 쓸개도 떼어주고
그밖에 아 기침과 재채기가 있군요
그 무엇들도 다 내어주고
이제 나는 머리도 팔다리도 내 맘대로 못 쓰고
기침과 재채기도 숨을 죽이고
쓸개도 간도 없이 삽니다.
그래도 포식자는 양에 차지 않는지
심봉사 등쳐먹다 도망친 뺑덕어미도 뒤로 나자빠질 일
글쎄 날보고 집을 나가라네요
이미 자기명의로 등재된 집이라고
밤낮으로 날을 세워 시퍼렇게 으르렁거립니다.

더 내어줄 무엇이 아직도 나에게 남아있는지
어허, 그렇군요 내가 사는 집이 내 집이 아니었군요

-이런 생각들을 품고 이 시를 쓰고 있다는 자체가
그저도 아상我相에 매여 있기 때문이 아닐까요
이점 내가 용서를 빌어야야겠습니다

어떻게 알았는지

어떻게 알았는지
들킨 적 없이 들켜버린 나
집사람이 어느 날 느닷없이
내 얼굴을 정면으로 쏘아보며 말했다
네가 잘났다고 쓰는 시라는 것
보나마나 쪼잔한 것들이지
별수 있나 좁쌀영감탱이
순간,
쪼잖지도 않게 돋은 내 혓바늘이 아리다
사실 나에 대해서 거의 모르는 게 없는
집사람이긴 하지만
어떻게 알았을까
장담하건대, 시 근처는 물론이고
글과 담을 쌓고 살면서도
역시 집사람은 내 아픈 곳을
정확하게 건드리는 명수다
벌렁, 뒤로 나자빠지겠다
가끔 뜨끔뜨끔하다가

지금처럼 한 방 맞고 나자빠지는 나
'나'가 나의 시다

인욕스님 챤제바리

나 화나고 싶어요
여보, 나 정말 당신과 잘 지내고 싶은데
당신의 활짝 갠 얼굴, 맑은 기상도를 읽고 싶은데

당신은 나를 화내게 하려고 이 땅에 태어난 사람 같아요
자나 깨나 앉으나 서나 밤이나 낮이나 아침이나 저녁이나 밖에서나 안에서나
어제오늘이나 내일이나 모레나 글피 그글피 일 년 열두 달 삼백육십오일

나를 화나게 하려고 자기가 먼저 화를 내요 이것저것 생트집 잡아 갈고리를 만들어 내 평정심을 건드려요 뭐라 뭐라 쫑얼쫑얼 투덜투덜 그래도 내가 평생 화를 안 내니까(챤제바리도 아닌 내가 나를 생각해도 참 대단해요) 버럭버럭 소릴 지르고 일 년 열두 달 삼백육십오일 시퍼렇게 등등 늘 병적으로 부어있어요 제 뜻대로 내가 화내주지 않으니까 화 안 내니까 제 성깔을 못 이겨 그

러나 봐요. 이런 땐 화내는 게 맞지요 당신 소원대로 이
제 나 화내야 할까 봐요 나 화내고 싶지 않은데 부끄럽
게도

    어, 어머니 어떡하면 좋지요 존심은 이미 구겨졌고
    나 화내고 싶지 않은데 화내야 하나요
    이런 때엔 나 어머니한테도 화냈던 것 같은데…

*찬제바리는 가리왕 당시 붓다의 이름(부처의 전생담에 나옴).

인忍

참을 忍자를 써 본다

칼로 마음을 베듯 아프다

그래도 참자, 참자, 또 참자,

참을 忍자 백 자를 쓰다보면 사람을 살린다 않던가

나 말고도 자식들에게 심지어 생판 남에게까지

나를 향해 아내가 던지는 모든 종류의 말들-

느닷없는 몽둥이폭언 유리조각험담 낮도깨비허언 가시돋친밤송이침묵에 이르기까지

아프지만 아무리 아파도 견디자 견디자

이 모두가 다 사랑, 곱빼기 싸랑인 것이다

왜 그러겠는가 다 나를 위한 것이려니

마음 비우고 받아들이기로 했다

이후 싸울 일이 뭐 있겠는가

나는 공으로 들어 만 주면 되는데

되레 고맙지요 욕먹으면 오래 산다는데

제2부

고추를 따면서

고추를 따면서

고추밭에 가보자
섰다 섰어

시뻘겋게 약이 오른 놈이나
아직 새파란 어린놈들이
땅바닥을 향해
빳빳하게 꽂히듯이 꼿꼿이

고추는 여자가 따야지 고추가 좋아해
남자보단 여자가 더 뿌듯하지 않을까
묘한 느낌이 들어 킬킬 웃으며
아내에게 넌지시 농을 거는데
건 뭔 소리 고추나 잘 따
고추도 요령 있게 따야지

아내의 핀잔이
귀 밖에 쨍쨍 쟁쟁

구두를 보내며

굽갈이 해가며 신던 낡은 구두
그동안 내 뜻에 순순히 잘 따라주던 너
마지막 가는 소신공양의 순간
견디기 어려운 듯 오글오글 몸을 오그라뜨리고
매캐한 영혼은 날아가고 끔찍한 사리만 앙상

나는 또 새 구두를 사서 신겠지만
보내는 아쉬움 나로서도 쉽지만은 않네요
진 데 마른 데 가리지 않고
한 십 년 가까이 고락을 함께 했던 너
내가 구두라도 내 몸 다 바쳐
너처럼 마르고 닳도록 살아가지 못했을 것

내가 당상에 오를 때 따라 오르지 못하고 당하에서
 말없이 납작 엎드려 나를 기다려 주는 나의 어여쁜 충복
 나의 체질에 길들여진 나의 분신
 몸을 통째 바치는 너의 희생 없이 나는 한 발짝도 출

입을 못해
  하지만 평생 불평 한 마디 없이 따라준
  그 고통의 길이가 얼마나 길까 아마 하늘에 닿겠죠

  천당 가시라 천당 가서 될 수만 있다면 신발로 태어나지 말고
  모자로 다시 태어나 나의 모자 되어
  이승에서의 연을 이어 내 머리 위에 높이 앉으시게나 나의 구두여
  남들처럼 광 한번 못 내준 이 못난 주인
  여기 이렇게 조시를 읊나니

기껏 처먹고 티비나 보고 있는
너는 누구인가

너는 누구인가
나를 나라고 말 못하고
나를 너라고 밖에 말 못하는 너는 누구인가

안마 의자에 올라타고 앉아
너를 내려다 보는 너의 마누라로부터
기껏 처먹여 놨더니
기껏 처먹고 티브이나 보냐

그것이 사실이지마는
마누라로부터 돼지처럼 사육된 것도
티브이를 본 것도 사실이지만
없는 말을 한 것은 아니지만 어 다르고 아 다르지

이와 같은 핵폭탄급의 언어폭력을 당하면서
아무렇지도 않게 듣고 있는 너는 누구인가
쓸개가 있는 놈이냐
쓸개도 없는 놈이 아니더냐

너는 바로 나이지마는
나를 나라고 發話는 순간
뭔가 크게 發火할 것 같은 너는 과연 누구인가

인욕선인 찬제바리'라도 된다는 말인가 너는, 네가?

 *찬제바리: 부처의 전생담에서

나를 위하여 세상을 위하여

나는 큰 소리로 논어를 읽는다
아내는 시끄럽다지만
공자님이 못 들으실 것 같아서

나는 큰 소리로 금강경도 읽는다
아내는 시끄럽다지만
부처님이 못 들으실 것 같아서

새벽마다 나는 신약성경도 크게 읽는다
아내는 다 알아듣지만
예수님이 못 들으실 것 같아서

새벽마다 나는 뭐든 크게 읽는다
아내는 다 알아든는데
하나님이 못 들을실 것 같아서

드디어 하나님이 알아들으셨는지
깊은 어둠 물리치고 곧 밝은 세상

큰 빛 세상에 내려주신다

내 여인은 냉장고

내 여자는 냉장고
뚱뚱하지만 뚱뚱한 만큼 통 큰 여자
산과 들도 삼키고 바다도 삼켜
통째로 얼려 저장했다가
내가 원하는 대로 싱싱한
과채류면 과채류 육류면 육류
특히 내가 좋아하는 신선한 생선을
척척 내놓는
냉장고는 나의 여인

그 여자 나한테 팔려와
이젠 많이 낡았지만
겉으로 쌩쌩 찬바람이 돌긴 하지만
윙윙 220볼트의 사랑을 변함없이 가동시켜
산과 들 바다를 산채로 품었다가
내 식성에 맞춰 내놓는
속 깊고 당당한
아직은 미끈하고 빵빵한 여자

돼지보다 더 낮은 수준으로
나는 아내에게 사육 당한다 · 2

  대체로 고집 센 농촌출신 아내는 돼지 기르기 명수다
  하루 세끼 거르지 않고 정성스레 돼지죽을 챙겨줄 뿐만 아니라
  꿀꿀거리는 돼지소리를 어떻게 잘 알아듣는지
  꿀꿀꿀 죽 세 바가지, 꿀꿀 죽 두 바가지
  낄낄 낄낄낄 간지럼 태워가며 장난질도 잘해
  언제 보아도 대만족 행복하고 아름답게 보인다
  그래서 그런지 우리 집 돼지는
  다른 집 돼지보다 늘 실한 값에 팔려나간다

  해서 나는 아내의 돼지가 부럽다
  아내와 돼지는 꿀꿀 소리 하나로도 대화가 되고
  소통이 잘 되는데
  아내와 나 사이엔 다정한 대화는커녕
  배고프다 하면 그 뱃속엔 거지가 들어앉았냐며 윽박지르고
  참다못해 터져 나오는 기침도
  당당히 하고 싶은 말도 맘대로 못해

나도 모르게 흘리는 혼잣말에
벼락같이 함구를 명한다
중얼거리긴 뭘 그렇게 중얼거려
입 닥쳐!

숨도 못 쉴 것 같은 깊은 침묵
철옹성 같은 아내의 성에 갇히어
잔뜩 잔소리나 얻어먹고 헛배 불러
토해내는 이따위 시에
누가 실한 값을 매기겠어?
아내 몰래 새벽에 일어나
조마조마
겨우 돼지죽거리도 안 되는
똥값이나 할는지 전전긍긍

사모님

새파란 사장댁 이장댁도 사모님 소리 듣는 세상에

삼천제자를 둔 공자의 사모님은
공자를 철환천하 하는 방랑자로 만들었다고

너 자신을 알라 가르친 소옹의 사모님은
악법도 법은 지켜야 한다는 소옹을
죄 없이 사약을 받는 철학자로 만들었다고

평생을 교원으로 늙어가는 구선생 사모님은
사모님소리 한 번 못 듣는 동네아줌마 되어
구선생을 동네아저씨로 만들었다고

참으로 마음 편한 반백의 구선생
허허, 그렇게 그는 살고 있습니다 지금

신발의 궁합

신은 발에 맞춰 신어야 하는데
신에 발을 맞춘 신발이다 보니

궁합이 안 맞아
뒤꿈치가 까져 피가 나고
엄지발가락이 흉하게 휘어지고
발톱들이 시퍼렇게 멍들어 빠져나가고
새끼발가락에 못이 박히는
고통

삐꺼덕거리는 그 집 내외는 안 맞는 신발
불편한 관계
서로 개개어 길들이기도 쉽지 않은데

신이 신神인지라
발을 버릴 수도 신을 버릴 수도
바꿀 수도 없어

아내에게 먹히는 시

배웠다는 것들

요사스런 글줄이나 쓴다는 것들이라고

욕을 해대는

내 마누라의

그런 점까지를 껴안는

그런 폭넓은 시는 없을까

나는 마누라와 한바탕 싸우고 나면

이 여편네의 무지와

고집까지를 모두 사랑하는

시를 쓰고 싶다.

지겹고 지랄 같아

진절머리가 나는 것들이라고

욕을 퍼붓는 이 여편네에겐

역으로, 그래도 이따위 투박한 시가

먹히리라는 생각이 든다.

*박문답 4 개작.

어머니의 木쟁반

어머니 생전에 우리 집엔
바닥에 토끼 한 쌍 刻한 木쟁반이 있었습니다
요즘처럼 네모난 쟁반 말고
통나무 같이 둥근 쟁반이었는데
어머니 돌아가신 뒤
슬그머니 사라져버린 木쟁반
부장품으로 넣어드린 것도 아닌데
분명 내 아내가 내다버린 것 같은데
아, 지금 저 밤하늘 한복판에 환한 보름달 저거
어머니께서 쓰시던 쟁반 같아
분명합니다 바닥에 새겨 넣은 토끼 한 쌍이랑
어머니의 쟁반 같이 둥근 보름달
 신기하다며 자꾸 보듬어 반들반들 어머니 손때 묻은
저것…

역원근법

남들은 어떤지 모르지만
우리 부부는 날이 갈수록 점점 벌어지는 V자형
(V자가 만날 좋은 것도 아니군)
어쩔 수 없이 날마다 얼굴을 마주해도
얼굴을 마주하는 게 아니고
北자 모양으로 등을 돌려 북북 북북 북북북
왜 이럴까
혹 나이 탓일까 나는 안 그러고 싶은데
이러고 싶지 않은데
아내는 거울 속에 나
나 왼손 들면 아내는 오른손

나는 거울의 마술도 V자 같은 역원근법도 용서할 수 없어

우기의 시 · 2

  그가 창밖을 내다보고 있다 무심히
  그가 창밖을 내다볼 때마다 하늘은 흐리고 비가 내렸다
  오늘도 하늘은 흐리고 비가 내렸다 온종일
  그가 창밖을 내다보고 있다 멍하니, 비가 내렸다
  어제도 종일 비는 내렸고 그제도 그끄제도 비 비 비
  비가 내릴 따마다 그가 창밖을 내다보고 있는 것인지
  그가 창밖을 내다볼 때마다 비가 내리는 것인지

  한 이레인지 두 이레인지 세 이레인지 곰팡이가 슬도록
  의자에 앉아 꼼짝 않고 그는 비를 내다보고 있다 비를 셀 듯이
  1년 전 2년 전 3년 전 5년 전 10년 전 18년 전 20년 전
  21년 전 그날도 창밖으로 비는 내리고 내리고
  그가 창밖을 내다보고 있었다 멍하니 몽환처럼
  날이 흐리고 비가 내릴 때마다 그는 창밖을 내다보고 있었고

날이 흐리고 비가 내릴 때마다 내내 빗속을 헤치고
그의 방안으로 뛰어 들어와 그의 등 뒤에 서는 그녀
언제나 똑같은 말을 침묵으로 말하는 한 여인

하늘이 무너졌어요 내 하늘이 되어 주세요

뚝뚝뚝 그녀의 눈에서 비가 내리고 후드득 후드득
21년 전처럼 오늘도 하늘은 흐리고 비가 내렸다 진종일
21년 전 그녀를 생각하고 있는 걸까 여전히
그는 창밖에 비오는 하늘을 내다보고 있다 그날처럼

위대한 김연복 여사

 내 마누라 김연복은 오 남매를 쑥쑥 낳아 길러낸 생산적인 여자
 김연복은 여섯 살 땐가 일곱 살 때
 아버지 그러니까 내 장인어른의 특명으로
 난산의 어미 돼지 좁은 산도에, 어린 조막손 밀어 넣어
 오물오물 일곱 마리의 새끼돼지를 꺼낸 것을 기억한다
 이런 일이 있은 뒤 그녀는 동네의 억센 머슴 녀석들과 어울려
 녀석들이 못하는 거친 일도 척척 해내며 그들을 손아귀에 넣고 커갔다
 이를테면 남자들도 못 드는 무거운 쌀가마니를 번쩍번쩍 들어 올린다든가
 누구와 싸움이 붙어도 절대 지지 않는 그런 여장부로 야생마로 길들여진 김연복,
 중매결혼으로 나에게 시집온 뒤에도 힘으로 군림하는 그녀에게

손에 흙 안 묻히는 일들은 일도 아니다 거지발싸개다
이를테면 내가 밤새워 쓰는 시 나부랭이는 휴지 쪼가리에 불과하고
내 혀를 갈아 입으로 벌어오는 돈은 돈 가치로 쳐주지도 않는다
그녀가 밭에서 일하여 얻는 연간 2백여만 원의 높고 귀한 가치에 비해
다달이 그 열 배도 더 되는 나의 퇴직연금(그녀가 몽땅 받아쓰니까 정확한 액수를 나는 모르지만)은 그 발꿈치에 묻은 흙만도 못한 적은 돈이다
김연복 여사는 비단옷보다 무명옷이 어울리는 여자
치마저고리도 양장도 아닌 작업바지가 어울리는 여자
그녀는 여인들 누구나 선호하는 도시생활을 마다하고
시골에다 손수 큼지막한 집을 지어놓고(내 마누라지만 대단하다)
지난 여름 나를 끌어내린 것도 그녀다 고맙게도
통 큰 그녀의 몸빼바지 안에서 나는 편안하다 따뜻하다
그녀가 얹어 준 2층 사랑방에서 마누라 몰래 긴장하며(들키면 야단맞는다)
이른 시각부터 김연복 여사를 컴퓨터에 올려놓고(글감을 준 그녀에게 감사하며)
또 열심히 되지도 않는 글을 써대는 비생산적인

나는 그녀 앞에서 언제나 졸장부다

그녀에게 아름다운 시 한 편 지어 바치지도 못하는 나는

창문을 바꾸어 달면서 · 2

오늘 아침 나는
창문을 바꾸어 달면서
아내와 말다툼을 한다
창문을 떼었다 맞추었다 떼었다 맞추었다
이 말을 돌려서
저 말에 붙이고
저 말을 빼내어
이 말에 맞추어도
아내는 속아 넘어가지 않는다
아무것도 모르면서
아내는 무조건 속지 않는다

나의 행동만 뒤집히고
창문을 떼어서
이리저리 맞추어보는 이유만
모호해지고
수준 없는 여편네의 말만 올라가는가
올라가는가

뿌옇게 흐려버린 바깥 풍경이
잘 보이지 않는다

소용없다 소용없어
나의 말다툼은
무엇을 위한 말다툼인지
말다툼도 말다툼 같은 말다툼이 안 되고
제자리를 찾는 바깥 풍경은
제자리가 아닌가봐
내가 떼었다 붙였다 하는 말들은
허공에 흩어지고
애초부터 우리 집 창문은
고정식이었다 고정식이었어

평화주의자 구선생을 위하여*

　마누라의 바가지를 피해 밖으로 뛰어 나가다가 그만 개똥에 주저앉아 가슴에 고이는 달빛을 눈물로 질겅질겅 씹고 있는 우리들의 구선생 똥이 무서워서가 아니고 더러워서 피한다지만 그래도 그렇지 웬 놈의 개똥은 왜 이리도 즐비한 거야 그렇잖아도 으스름 달밤 가뜩이나 처량한데 까닭 모를 아니 모두 까닭이야 있겠지 예컨대 돈벌이가 시원찮은 구선생 그것마저 시원찮다든가 개똥 같은 세상 살아가는 요령에 어둡다든가 그밖에 더 이상 얘기를 말자

　대포가 있어도 쏠 줄 모르는, 쏘아 올릴 의사가 전혀 없는 그러므로 사회에 대하여 마누라에 대하여 처음부터 대포 같은 것은 전혀 갖고 있지 않은 구선생 그는 누구인가 패배주의를 뒤집어쓴 우리들의 평화주의자 구선생 금세기 우리들의 가정과 사회를 지켜내는 마지막 평화주의자 으스름 달밤에 비쳐드는 비탄의 달빛 같은 사나이 구선생 그를 위하여 우리 다 같이 소주잔이나 높게 치켜 올려 말없이 흐르는 그의 뜨거운 눈물을 건배하자

건배!

* '구선생의 평화주의'의 개작

하늘 沼

어찌나 푸른지

두 손 집어넣으면 파란물 들 것 같은 하늘

저 거울 沼에 나를 비춰보고

낱낱이 내 죄를 반성하며

말끔히 내 몸 씻어야겠다

우선 고마운 아내에게도 용서를 빌고

멋대로 부린 내 육신에게도 용서를 빌어야겠다

그러고 보면 두둥실 떠가는 구름 사이로

누군가 환히 웃으며 나를 반길 것 같아

벌써부터 눈물이 난다

나는,

제3부

꽝

55 그리고 朋

졸업회갑을 맞은 同期55 벗님네야
지나간 60년 전 우리는
朋자처럼 어깨도 나란히 보폭도 나란히
주고받는 눈높이도 나란히 나란히 나란히
공부도 나란히 장난도 나란히
이야기도 많고 고민도 번뇌도 개똥철학도 많은
그때 그날은 불확실한 10대의 열정과 희망
순진무구한 질풍노도의 한때
사춘기의 연애도 로망도 나란히 나란히

붕붕붕붕붕붕붕붕붕붕붕붕붕붕붕붕
주마등처럼 흘러간 세월 넘어
여기 이 자리에 있든 없든
우리는 여전히 학창시절의 朋과 朋 너와 나
성공한 삶이든 아니든
회장님이든 나리님이든
이것도 저것도 아닌 삶이든
우리 모두는 55회 동기동창

반갑다 다시 만난 청춘

이러저러한 추억을 같이한
꾸러기 책벌레들 악동들
친구야 친구들아 그때와 같진 않겠지만
무조건 다시 만나자꾸나!
朋과 55는 서로 닮은꼴? 그렇지 않니

개똥참외
-야생은 모두 셀프

버려진 풀밭에 누가 심었나
내 눈에 들킨 개똥참외넝쿨
누가 거름 주고 약 주고 가꿨나
아무도 모르게 절로 나고 병충해도 나지 않고
낫다 해도 살충제 안 쳐도 제 혼자 나아
제가 알아서 자라고 꽃 피고 열매 맺어

조막만한 개똥참외 두 개 셀프로 노랗게 익었습니다

겨울밤에

저녁 짓는
전기밥솥에 찐 것이라면서
아내가 찐 밤과 구구마를 내놓는다
이 긴긴 겨울밤에 아내와 둘이 마주 앉아
아내는 고구마를 집어 들고
나는 찐 밤을
하나하나 벗겨 먹으면서
한동안 부딪혀온 날카로운 감정들을
훈훈하게 풀어낸다

기우인가 관심인가

어린이날 나는 세 며느리에게 전화를 걸었다
쓸데없는 전화질 하지 말라는 아내의 핀잔을 들으며

남매를 두고 있는 둘째에게 먼저
진영이 수영이 데리고 어디 과학박물관 같은 곳이나 가보지 그래
예, 거긴 이전에 가봤고 지금 한강 공원에 데리고 가요

늦둥이 손자를 낳아준 셋째 며느리에게
찬영이 데리고 과학박물관 같은 곳이나 가보지 그래
예, 거기는 오늘 너무 복잡할 것 같아 다음에 가기로 했어요
그래도 어디 좀
예, 지금 동해안 쪽으로 가고 있어요 징검다리 연휴라서

외동딸을 둔 맏며느리에게

서영이 데리고 어디 안 가니 어린이날인데
서영인 이제 어린이가 아니죠 고등학생인데
지금 학교기숙사에서 중간고사 시험공부를 하고 있대
요
아버님,

꽃이여 이제 겨우
 -희에게

마음 놓고
마음 놓고
너를 호명해 불러내어
가까이
가까이
오래오래 바라볼 수 있어라

희야
아름다운 예쁜 꽃아

내 혈기방장인 시절엔
너만 보면
너만 보면
가까이할 수도
오래 바라볼 새도 없이

덜컥
꺾고 싶은 욕망이 먼저 앞서

(꺾는 순간 꽃은 시체가 되지)
일부러
일부러
너를 피했단다
용서하라

희야
아름다운 예쁜 꽃아

희야 이제 너를
눈부신 너를 퇴계의 매화盆처럼
내 침실에 안아 들여놓고

물도 주고 시리도록 사랑해
두고두고 바라볼 수 있어라

꽝

자학하자는 게 아니다
우물 안에서 잘난 듯이 고함치는 팔푼이 같은 놈아
진짜 너는 참 한심한 인간이다
넓은 세상에서 크게 놀지 못하고
하릴없이 촌구석에 들어앉아
소심하게 겨우 아내의 흉이나 보면서
아내 앞에서 쪽도 못쓰고 그릇이나 깨면서
무조건 우기거나 우기지도 못하면서
내심 지는 게 이기는 거라 생각하는
에라, 한 방 먹어라
세상에 버림받은 하찮은 놈아
정신 차려

꽝

두 여인을 찾아서

이름도 모르고 몇 살 때인 지도 모르지만

어머니께서 행상 나가시며 나를 맡겨놓은 이도색시 품에 안기어

큰길로 쏟아져 나온 많은 여학생 중에서 꼭 한 여학생만을 매번 손가락으로 가리켰던 내 첫 번째 애인, 방글방글 벙그는 매화꽃 같은 눈동자 못 잊겠네

나의 두 번째 애인은 안산국민학교에 입학한 1학년 때 담임, 역시 이름은 모르지만 행운의 천사 같은 여선생님의 생글생글 샛별 같은 눈동자 못 잊겠네

그 잊지 못할 눈동자를 찾아

수 많은 꽃들과 뭇별들과 만났지만 아니었네

시골 마산학교 6학년 때 같은 방향으로 등하교 길에 우연도 아니게 자주 만나 함께 했던 5학년, 그 여자 아이의 개나리꽃 같은 눈동자도 아니고

고학으로 고등학교와 대학을 거치는 혈기치기방장 뜨거웠던 그 시기에 마주했던 제비꽃 같은 민들레꽃 같은

도라지꽃 같은 눈동자 다 아니었네
   그리고 내가 총각선생일 때 나에게 다가온 사춘기소녀들의 초록별 같은 눈동자 호수 같은 눈동자 그들도 비슷하지만 아니었네
   한때 내 눈 속에서 불꽃같이 타오르다가 떠나가버린 장밋빛 여인의 장미꽃 눈동자 더더욱 내 체질 아니었네

   어려서 각인된 평생 잊지 못할
   방글방글 벙그는 매화꽃 같은 눈동자
   생글생글 샛별 같은 눈동자
   지금도 여전히 내 가슴에 있네

떡

　재료도 가지가지 방법도 가지가지 형태도 가지가지
　개떡 보리개떡 쑥떡 메떡 찰떡 찹쌀떡 팥떡 수수팥떡 콩떡 가래떡 개피떡 쑥개피떡 무지개떡 시루떡 무시루떡 찰시루떡 송편 밤송편 깨송편 팥송편
　증편 인절미 부꾸미 백설기 콩버무리
　언젠가 열린 떡 떡 떡 떡 떡 박람회

　김 뭉게뭉게 피어오르는 찰시루떡 먹고 싶다
　참기름 자르르 흐르는 개피떡 먹고 싶다
　노릇노릇 익은 찰부꾸미 먹고 싶다
　잘 부풀어 오른 증편 먹고 싶다
　반듯반듯 인절미 먹고 싶다
　동글동글 수수팥떡 먹고 싶다
　한입에 쏙쏙 반달송편 먹고 싶다
　조청 찍어 감아올려 가래떡 먹고 싶다
　어려웠던 시절 구수한 쑥보리개떡 먹고 싶다

　이상 우리나라 떡들을 나는 골고루 다 먹어보았지

일찍이 나는 떡장수 어머니의 아들
내 어린 시절 우리 어머니는 석봉엄마처럼 집에서 떡을 빚어
이고 다니며 떡을 팔던 떡장수였었지

이 이른 아침새벽부터 웬 떡타령
아내의 핀잔이다
어머니도 안 계신 지금
꼬르륵 꼬르륵 공복에 침만 꿀꺽꿀꺽 입맛 다신다

먹장구름 · 2

긴 여름 늦은 오후 서쪽 하늘에
손바닥만한 수상한 먹장구름 한 장
축 처진 아랫배를 깔고 느닷없이 등장하자

정리 해고된 수백 명 강성노조원이
점거농성중인 평택쌍룡자동차 도장공장 상공에
먹장구름보다 더 시커먼 연기가 뭉게뭉게 타오르는
현장에
곧 공권력투입을 앞둔 공기 한층 험악해지고

술렁거리며 불안한 주민들
비설거지하느라 이리 살피고 저리 뛰는데

노사갈등은 사람의 일이라 극적 대타협을
기대할 수도 있겠지만 문제는
저 축 처진 검은 아랫배

사랑받는 지어미

　지아비 퇴근시간에 맞춰 따뜻하고 정갈한 저녁 밥상 차려 놓고 엷은 분단장과 웃음으로 지아비를 마중하여 넥타이랑 양복 받아 옷장에 챙기며 시장하지요 어서 씻고 저녁 드셔야죠 그리고 잠자리 봐놓았어요 저도 불 끄고 곧 자리에 들겠어요

　밤새 꿀 같은 꿈꾸고 아침에 먼저 일어나 해장국 끓이고 날마다 지아비 구두를 출근 전에 반짝반짝 닦아놓겠어요 지아빈 전쟁터 같은 일터에 나가 乙 되어 애써 벌어다가 꼬박꼬박 내 통장에 넣어주고 설거지까지 해주는데 이 정도도 평범한 일을 못할까요

　누가 뭐라던 나는 기꺼이 내가 乙이 되어 아들 낳고 딸을 낳아 甲으로 지아빌 섬기겠어요 맞벌이 부부가 대세라지만 나는 아들딸 바르게 키우고 남편을 내편으로 만드는 데만 전념할 거예요 틈틈이 내훈˙을 읽어 모자라는 점을 고쳐가며

나는 지아빌 거미줄 같은 온존한 부드러움으로 감싸
사랑을 휘어잡겠어요

*소혜왕후 한씨(덕종왕비 성종의 모후 연산군의 조모 인수대비)가 지
 은 부녀자의 도리를 가르치는 책.

어버이날을 맞아

다 돌아가시고
아버지 어머니 안 계셔
내가 카네이션 달아드릴 어버이날은 없고
자식들 있어
내게 카네이션 달아주는 어버이날만 있어

나는 아버지의 아들이었고 아들의 아버지
아들로서는 아쉽고 아비로서는 흐뭇하고 기쁜 날
슬프고도 고마운 날
꽃 달아 주는 자식들 향해 하는 일 잘 되라고 비는 날
내게 다시는 돌아오실 수 없는
어머니 아버지를 생각으로 모시는 날

오늘 아침부터 서울 인천 사는 자식들로부터
화사한 꽃바구니 차례로 배달 받았습니다
이 꽃다발 두 개 뒷동산 어머니 아버지 묘소에
갖다 바치오리다

아버지는 어버이날도 모르고 먼저 가셨고
어머니께서는
어머니날이 제정된 첫해였던가
꽃 부롯지를 사다 달아드리니까
그렇게 흐뭇해하시던 생각이 나네요

우리 설날

까치까치 설날은 어저께고요
우리우리 설날은 오늘이래요

신정 때는 TV속에 파묻혔던 늙은 아내
구정 며칠 전부터 설 분위기 만들어
지난 장날 차례 흥정 해오더니
수정과 달이는 계피향으로 집안을 둘러내고
오늘 오전엔 방앗간에 가서 떡 해오고
오후엔 고소한 부침개질
날보곤 밤을 까라네요

한복 차려입고 맞이할 우리 설날
조상님께 고할 진짜 새해는
내일이래요

이산가족 찾기

내 신 한 짝 어디 있나

한 짝은 여기 있다마는

내 짝 찾아 어언 70년

죽었나 살았나 무소식

할아버진 만날 어린아이

할아버진 몇 살
네 살 아니 세 살
왔다갔다 헷갈리게
손가락 넷 또는 셋을 펴 보이는 구선생

에게게, 그럼 내가 엉아게 난 다섯 살인데
그래, 맞다 맞아 네가 엉아 해라
엉아야 나하고 놀자
내가 술래 할게

오늘은 어린이날
삼백육십오일 어린이날
할배날이 따로 없는
심심한 할아버지
어린 손자들과 낄낄낄 놀아주는
우리들의 구선생
삼백육십오일 만날 어린이날

'저런 주책'
삼백육십오일 만날
마나님에게 핀잔을 듣는 우리들의 구선생

화장실에서

　내 아내에게도 보여주지 않는
　나만의 비밀한 밑천을 다 들어내 놓고
　하루에 한 번씩은 꼭 들러 큰 볼일을 보는 곳
　그녀는 목마른 듯 나를 반기네. 어여쁜 그녀
　반들반들 윤나는 큰 입술을 열고

　하지만 나는 언제나 문을 꼭 잠그고
　그녀와 급한 볼 일만 본 뒤 뒤도 돌아보지 않고
　아내가 화장하라고 사다놓은 화장도 하지 않고
　숨넘어 가듯 넘어가는 그녀의 갈급한 소리를 뒤통수
로 들으며
　손도 안 씻고 그냥 나오네

　언제 아깝지 않게 무념무상의 시간을 즐길 수 있을지,

제4부

너도 밤나무냐 나도 밤나무다

21세기 보름달

계수나무와 토끼 한 마리는 박물관 보내고

밤하늘에 뼈만 앙상한 환한 핵탄두 두개골 둥실

哭.
-어머니의 筆跡

 우리어머니는 소문 난 명필이셨다. 근동일대에서 어머니를 찾아와 婚書(사돈간 문안 편지)를 대필해갈 정도로 문장력도 좋으시고 모필 실력이 대단하셨다. 조실부모해서 당신의 부모님 얼굴도 모르고 밀양박씨 門中에서 키워 학력도 없으신 분이 어디서 배운 걸까. 당신의 말씀으로는 어깨너머로 배우셨단다. 나는 어머니 생전 90 이후에 쓰신 두툼한 노트를 지금 가지고 있다. 老筆임에도 곧은 정신이 들어 있다. 좀 흔들린 흔적이 보이지만 볼펜을 꾹꾹 눌러 참 잘 쓰셨다. 내가 보관하고 있던 내가 학생 때 받은 어머니의 毛筆 편지글을 아내가 언젠가 그 소중한 걸 소각해버려 너무도 아쉬움이 크게 남는다. 죄송스럽다. 哭.

냉이와 달래

해마다 해토 무렵 양달 밭둑이나 밭고랑에서
올해를 여는 아내의 첫 호미질로 캐낸 냉이와 달래 향기로워라
겨우내 눈바람 이겨내고 싱싱하게 살아있는 기운으로
싱그러운
첫 맛을 내줍니다
상큼 내 입맛을 당깁니다
세상 진수성찬이 뭐 부럽겠습니까

봄을 유난히 타던 어려서부터
어머니의 달래찌개 냉이나물로 길들여온 입맛입니다

너도 밤나무냐 나도 밤나무다
-현대시 전시장에서

  옛날 율곡의 모친 사임당이 율곡을 위해 밤나무 1000주를 심었다는데
  뒷날 아무리 잘 세어 봐도 그 숫자가 안 되는데
  여기저기서 바람결에 들려오는 소리
  너도밤나무냐
  나도밤나무다
  어, 너도밤나무
  나도밤나무

최근 일천 그루 시나무가 전시되었다고
술렁거리는 시인광장
나도 시나무다
나도 시나무다
어, 너도 시나무냐
그래, 나도 시나무다

어지럽다 어지러워
꽃으로 보면 다 꽃이고

무슨 기호인지
꽃 아닌 걸로 보면 다 꽃이 아니더라

농자천하지대본
-농사꾼의 자부심

빛과 비
흙과 땀으로 빚어
우리네 농부가 생산한 농작물

밀보리쌀콩녹두무배추고추파마늘양파당근감자고구마딸기밤대추사과배포도옥수수
아니면
세상 사람들 뭘 먹고 사노

안 먹고는 못 살 것

억만장자라 할지라도 난다 긴다 할지라도
대통령이라 할지라도
우리 농사꾼이 다 먹여 살리는 거지

배고프지만 가난한 자부심 하나만으로도 우리는 배부르다

볼펜탑

사람들은 참
나의 은공을 모르나보다 모나미볼펜,
붓이나 펜이나 연필이나 만년필이나 그 무엇보다
간편하고 값싼 필기도구 나왔다고
한때 나를 안 써본 사람 어디 있나 나와 보라고 해
참 열불 나게 나를 부려먹었지
교실에서 집필실에서 작업실에서 산에서 들에서 바다에서 길에서
학생이나 글쟁이는 물론 장사꾼이나 비렁뱅이나 그 누구나
대통령이든 아니든 이 세상사람 저마다
급할 때 수시로 나를 불러내어 요긴하게 써먹었지
내 입장에서도 전심전력 내 골수를 다 바쳐 내 생명 다하도록
저들에게 봉사했건만 마르고 닳도록 나를 써먹은 뒤
아무렇지도 않게 저들은 나를 함부로 취급
지금까지 세상에 버려진 나를 주워 모은다면 아마 태산보다 높을 걸세

이제 와서 작가 책상에 키보드 놓이고
어딜 가나 노트북 가볍게 들고 다니며 차츰차츰
나의 존재가치를 잊어버리다니
지금이라도 나의 공적 제대로 아는 사람들이라면
이 시점에서 나의 공훈탑을 쌓게
수십억 우리 동지들의 **뼈**를 모아 일으켜 세워
서울 남산위에 멋지게
뜻 깊은 기념비적인 이 문화사업에
전 세계 시민이 다양한 채널을 통해 동참할 것이고
제일 먼저 우리서울시민들이여 앞장서시게나
서울시장에 나오는 분은 볼펜탑을 선거공약으로 내세워 보시게
시장 당선은 떼어 놓은 당상이지

지금까지 낙서 삼아 써본 걸세 안타까운 마음 모아

비빔밥 비벼먹기

입맛 없을 때 나는
비빔밥에서 입맛을 찾는다.
콩나물 시금치 도라지 고사리 당근채
이것저것 골라 넣고 고추장을 듬뿍
참기름 몇 방울 쳐서 그 위에 반숙계란 얹고
고소한 참기름 향내 맡으면서
내가 직접 썩썩 밥을 비비는 재미도 쏠쏠하다
나는 특히 군침 도는
뜨끈뜨끈한 돌솥 비빔밥을 선호한다.
솔솔 엷은 김을 피어 올리며
바지직바지직 살짝 누룽지가 되어가는 소리 들으며
더 타기 전에 빨리 뒤척여 비벼야 한다.
여러 가지 나물과 밥과 참기름 고추장이
잘 비벼진 오방색 오케스트라의 음색
나물들의 대중음악 비빔밥이 세계인의 입맛을 사로잡는
신나는 웰빙식으로 바야흐로 자리를 잡아가는 21세기
한국인이 각 분야에서 다채롭고 다양한 재주를 뽐내

고 있다는 사실 또한
　따지고 보면 입맛의 경계를 허물은
　비빔밥을 예부터 잘 먹은 지혜 아닐는지
　이제 우리에게 남은 과제는 딱 두 가지
　비빔밥 골고루 맛깔스레 잘 비비는 선수를 국회로 보내어
　갈등하는 여야의 다른 목소리 잘 비벼서
　입맛 당기는 비빔밥 정치를,
　그리고 호호 하하 호호 하하
　그새 한 그릇에 숟가락 집어넣고
　서로 마주보며 비빔밥 비벼먹는 화락한 부부보기를,

홍성대는 사강 회센터에서

시화방조제가 바다를 몇 십리 밖까지 밀어냈지만
사강장터 사강회단지엔 여전히 사람들로 북적북적
서해남해동해에서 모여든 싱싱한 바닷내
함지박 플라스틱 큰 대야 작은 대야 고무다라이 안에 넘치게 담긴 바다
오글오글 와글와글 기어 나오려는
게 낙지 주꾸미 굴 바지락 맛 홍합 소라
까무락 꼴뚜기 키조개 조개 조개들
허리 펴고 살 수 있는 넓은 세상
넓은 고향바다를 꿈꾸는지
발 오그리고 허리 구부리고 깊이 잠이 든 새우 대하 멸치들
또는 대형 수조 속에
파도 같은 허연 배때기 뒤집혀 누워 있기도 하고
엎드려 뻐끔뻐끔 할딱할딱
광어 농어 숭어 도다리 가자미 모쟁이 갈치 밴댕이 전어 오징어 가오리들
해물치고 없는 게 없어

누구의 입맛을 돋우려는지
4차선 길 양옆으로 일렬 횡대로 쭉 늘어선
사강장터 사강 회단지 앞 반들반들한 차량들
서울 수원 안양 등지에서
회쳐 먹으러 내려온 사람 사람 사람들
우글우글 북적북적

사탕을 먹는 방식과 사탕의 정의

사랑할 때 나누는 달콤한 말처럼
사탕이 달지 않으면
사탕이 아닌 것처럼
사탕을 우두둑 깨물어 먹으면
이미 사탕이 아니다
애무하듯이 야금야금 녹여먹어야
비로소 그것이 사탕이고 사랑이다
우리가 밥이나 빵을 먹고
배가 부른 것처럼
사탕을 먹고 배가 부르면
이미 사탕이 아니다
연애할 때에 날리는 공수표처럼
먹을수록 배가 헛헛한
그것이 사탕이다
하지만 현대판 도깨비놀음
헬리포트 이야기처럼
호랑이도 쫓아버린 곶감처럼
이름만 들어도 우는 아이를 달랠 수 있어야

그것이 비로소 사탕이다
보라 요즘 선거철에 보듯이
공약公約이 공약空約인 줄 알면서도
그에게 표를 주는 유권자의 선택
그것이 공공연한 사기요 사랑이다

자판기

1
커피 나와라
철커덕 일회용 컵이 먼저
뒤따라 쪼르르 커피가 나오고
밀크커피 나와라 철커덕 쪼르르
율무차 나와라 철커덕 쪼르르
먹고 싶은 식성 따라 입구에 동전을 넣어 주면
척척 먹고 싶은 것 나와 주는 자판기는
금 나와라 뚝딱 금이 나오고
은 나와라 뚝딱 은이 나왔다는
옛날 도깨비방망이

2
짧은 시간 간단하게
너와 나의 욕망을 해결해주면 그만
누이 좋고 매부 좋은 거지
창녀다 어떻다
이러쿵저러쿵 비웃지 마

내가 보기엔
종점이나 대합실 같은 곳에서
목 타게 목마른 자를 기다려
싼값의 몸속까지 내어주는 너는
머리끝부터 발끝까지 천사
자판기 옆에는 늘 버려진 콘돔 같은
종이컵이 쌓여 수부룩히

제 눈의 안경

하긴 안경 안 쓴 사람 있나
소경도 시커먼 안경 쓰고 번쩍거리는데
모두들 제 눈의 안경이지

얼마 전 녀석이 선보인
색싯감
살결이 눈처럼 희다는데
예뻐 죽겠다는데
왜 내 눈엔 검게 보이지
눈 좋다는 녀석이 왜 검은 걸 희게 보는지
그것도 제 눈의 안경

내가 보기엔 녀석에게도 결점이 많은데
제 색싯감에겐 만점짜리 신랑감이라나
결점 같은 건 하나도 안 보인다네

서로 좋은 점만 보이고 나쁜 점은 보이지 않는
참 희한한 제 눈의 안경

천생연분 따로 없네
평생토록 바꿀 수 없다 제 눈의 안경

조개 하나 손바닥 위에 올려놓고

조개 하나 손바닥 위에 올려 세워놓고 보면
조개가 수평선을 물고 있다
반달 같이 둥근 조개
아스라이 수평선이 둥글고 바다도 지구도 둥글다는 사실을
나는 조개 입술 하나에서 다 들여다보고 있다

조개를 구워먹으며

조개가 자글자글 타들어가는 것을 본다
어촌마을 아줌씨의 거친 손길과 바닷바람 같은 거센 말씨
그리고 짭조름한 둥근 땀방울을 본다 짠한 눈물을 본다

찐득찐득한 갯벌에서 붙들려 나와 불판 위에서
줄줄 눈물을 짜내며 지글지글 눈물을 태우며
아줌씨 가슴처럼 자글자글 타들어가는 눈물을 맛본다

조개와 열쇠의 상관어법

시창작 강의를 끝내며
다음 주 과제로 글제 하나씩 내보라니까
미자는 '조개'를 내고
순식이는 '열쇠'를 내
미자와 순식은 띠도 같은 동갑내기
궁합이 잘 맞겠다면서
모두들 까르르 웃음바다
민감하게 반응합니다
참 재미있습니다
조개와 열쇠 그것이 무엇을 상징하는지
순식간에 스트레스도 확 풀리고
다음 주 창작시 합평시간이 기대됩니다

조개와 조개박사

석주명박사는 세상이 다 아는 나비박사
윤무부박사는 새박사
그들이 어떻게 그 계통 전문가가 되었는지 난 모르지만
내 친구 조아무개는 조개박사
조개로 유명한 갯벌 넓은 서해섬 태생
어려서부터 물 빠진 갯벌을 뒤져
맛있는 조개를 많이도 따먹고 캐먹고 했지 롱
굴 바지락 까무락 비단조개 피조개 맛조개
넘쳐나는 풍부한 조개들을
생으로 까먹기도 하고(회)
백수에 끓여먹기도 하고(탕)
소금 뿌려 젓 담아 폭 곰삭혀 두고두고 먹기도 했지만 (젓)
그중 제일미는 즉석 조개구이
참이슬 한 잔 곁들여 먹는 그 맛
냄새 아울러 죽여주지 롱
오늘도 그 맛에 빠져 들어간 조박사
산적한 논문 밀어 두고

본능적으로 앙다무는 조개속에 빨려들어
쫄깃쫄깃 씹히는 조개 속맛을 즐기는 조박사,
미모의 여인과 함께 둘이서

큰 눈 온 날에 희비극

하룻밤 사이 기척도 없이 잣눈 내려
푸른 소나무 가지가
밤새 올려놓은 흰 눈 무게에 눌려
툭툭 무너져 내리는 고요한 아침
무작정 산짐승들이 집안으로 뛰어들곤 하는데
비닐하우스가 주저앉고
돈사와 계사가 망가지고
어른들 마음 까맣게 타 들어가는데
눈밭을 운동장 삼아
철부지 아이들 신나게 뛰어 놀고
개들도 뛰어나와 함께 뒹굴고
세상 아랑곳없는
수 많은 인파가 스키장을 메우고
울어야 할지 웃어야 할지

설화雪華냐 설화雪禍냐 설화雪花가 난분분亂紛紛

| 작품해설 |

모순을 품고 달관의 세계로 걸어가기

-정대구 시집 『붊』을 읽고

박주하 | 시인

| 작품해설 |

모순을 품고 달관의 세계로 걸어가기
-정대구 시집 『붊』을 읽고

박주하 | 시인

불교적 관점에서는 우연이 없으며 모든 곳에서 필연이 작용한다. 모든 의미의 조각들이 인과 연의 체계를 통해 타당성을 쌓았고 인과율이 질서정연한 결과를 도출해낸다고 생각해보자. 세상만사가 반드시 그렇게 될 수밖에 없는 결과에 도달한다 해도 그 심오한 원인이 어디에서부터 비롯된 것인지 우리는 알지 못한다. 이는 전생론이나 윤회론까지 동원되어야 하는 유구한 장설이기 때문만은 아니다. 어떤 기준으로 접근한다 해도 우리는 서로에게서 발견되는 모순성에 반박할 완벽한 논거를 찾기는 쉽지 않다. 인간은 본래 자기모순을 잘 감추는 존재이고 별다른 논리가 없어도 '인간적 차원'에서 자신을 구원하려는 본능이 있기 때문이다. 납득이 어려운 관계망 속의 인생이 때로는 질문과 대답 사이에 존재하는 혼란의 유적지로 다가오기도 한다.

정대구 시인은 삶의 현재성을 긍정하기 위해 불가피했던 세속성에 대하여 "울고 웃고 부대끼며 속세를 살아가는 고통"이라고 자서에서 밝히고 있다. 그리고 그는 꾸밈없는 진솔함과 겸허함을 유지하며 부드러움이 강한 것이라는 신념과 끊임없이 내통하고 있다. 부부간의 티격태격 사랑싸움도 놀이를 연상시킬 만큼의 절대 긍정성의 범주를 벗어나지 않는다. 어느 전생과 어떤 윤회를 거쳐 이룬 인연인지 궁금증을 자아내는 관계를 따져보자 들면 부부의 조합만 한 것이 또 어디 있을까. 부처도 보살도 인과율의 지배를 받는데 하물며 남편과 아내로서의 관계가 지닌 깊이와 무게는 한 번의 필연이라고 보기엔 그 고난의 쓴맛과 단맛이 가벼이 정의되지 않는다. 수십 년의 삶을 같은 목적을 품은 채 한 공간을 살아내기란 여간해서 쉬운 일이 아닌데 시인은 '부부'라는 단어에 '붑'이라는 신조어를 새롭게 입힘으로써 그만의 단단한 부부론을 재창조해낸다.

　　예수님은 결혼도 못한 서른세 살 젊은 나이에 십자
　가에 못 박혔다 하고
　　부처님은 야소다라비와 결혼하여 아들 라훌라를 두
　었다지만

아직 달콤한 신혼이나 다름없는 29세에 집을 나왔다 하고
공자님 역시 외아들 鯉를 낳지만 집에 붙어 있지 못하고
상갓집 개처럼 세상을 떠돌았다 하니
일찍이 장가들어 생기는 대로 아이 낳아 키워내고
은혼 금혼을 넘어 회혼을 바라보는 나는 누군가
젊었을 때는 아웅다웅 티격태격 사랑싸움도 하면서
우려내는 퀴퀴하고 시금털털한 맛 묵혀왔지만
나이 들어갈수록 점점 심해지는 눈 흘김과 꽥 소리지름
온갖 참견 그 많은 구박 다 받아가며 까닭 없이 들들 들볶이며
일방적으로 당하기만 하는 결혼생활 힘들어
하루에도 몇 번씩 이혼을 꿈꾸며 꿈으로 끝내고
모멸과 수치의 나날을 살아가는 나 왜 사는지
전지전능하고 대자대비하고 생이지지했다는 그들이 알까
다른 건 몰라도 애송이 예수님은 나를 이해하지 못할 것이고
결혼 초반에 가정을 버린 부처님도 마찬가지 나를 모를 것이고
가부장적 권위만을 앞세워 마나님을 쫓아낸 공자님도 다를 게 없어
쇠심줄같이 질기디 질긴 부부의 끈을 이어가며
부부夫婦가 부부婦夫로 어느새 자리바꿈하고
다시 부夫의 존재가 마모되어
부부는 일심동체 부부婦夫가 둘 아닌 붎이 되기까지
견디어온 아픔 정말 장하다할까

어리석다할까

- 「'부부'가 '붑'이 되기까지」 부분

'부부'에서 '붑'이 되기까지의 사유가 녹아 있는 위 시는 난처함과 웃음을 동시에 던져준다. 시인은 서로 밀고 당기면서도 끈을 놓지 않고 있다. 때로 반성문을 쓰고 맹세를 바치기도 하면서 스스로 나쁜 사람이길 자처하기도 한다. 시인이 인식하는 떼려야 뗄 수 없는 부부의 인연은 피 한 방울 나누지 않은 관계지만 결속력은 실로 엄청나다. 세속의 기쁨과 슬픔과 고통이 녹아들면서 흐르다가 굳고 굳었다가 흘러가기를 반복하는 구조는 서로에게 스며든 원소들의 조합을 닮았다. 천천히 오랜 시간을 거치면서 이루는 광물질의 속성처럼 단단하게 깊어진 내재성은 급기야 빛을 발하기도 한다. 우리는 그런 빛을 지닌 물체를 보석이라 칭한다. 각자 다른 환경에서 형성된 원소들이 어찌어찌 만나 인고의 시간을 함께 거치면서 서서히 서로의 물질에 흘러들어 축적된 보석, 이를테면 "붑"이란 짐승의 시간을 포함하여 속세를 온몸으로 밀고 나가는 현존재의 고귀한 성취나 다름없는 것이다.

그는 자신이 성인들보다 더 나은 참을성을 가졌다는 생각을 발아시키고 시집의 곳곳에 속세의 고통을 놀이로 전환하는 기발함을 발휘하고 있다. 타자가 바뀌지 않자 자신의 관점을 바꿔보려는 노력은 눈물겹기마저 하다. 상식을 넘어서는 시인의 비애 역시 대상의 태도에서 마주친 절망의 소산이다. 시인은 "나이 들어갈수록 점점 심해지는 눈 흘김과 꽥 소리 지름"과 "온갖 참견 그 많은 구박 다 받아가며 까닭 없이 들들 들볶이"는 생활을 "모멸과 수치와 나날"이라 설토한다. "부부夫婦"로 살다가 "부부婦夫"가 되고 아내에 대한 위압감은 차츰 남성의 존재감을 마모시켜왔기에 일심동체보다 더 강렬한 의미를 부여하며 마침내 "붊"이 되어버린다는 설정은 시인의 천부적 해학성이 성찰해낸 융합형 부부론이다. 부부의 역할 분담이 뒤바뀌고 인정 범위가 달라지면서 예의 그 부부의 의미를 상실했으나 그런 "쇠심줄" 같은 질긴 부부의 끈을 이어가려고 애쓰는 존재는 정작 아내가 아닌 시인 자신이다. 그는 예수와 부처와 공자도 견뎌내지 못한 아픔을 감당해내고 있다는 자긍심을 품게 되었으며 부부라는 관계에서 발견한 인내심은 초월의지로 확대된다.

  태초에 생명이 생겨났고 불모의 땅을 전진하며 진화하던 인간이 두 몸을 결합하여 하나의 광채를 발산해낸 것은 존재의 이변이 분명한데 그 이변 또한 슬그머니 우연을 점하며 만들어진 것이 아님에는 의문의 여지가 없다. 전생의 어떤 인연으로 현생의 부부가 되었는지 알

수는 없지만 이루 다 말할 수 없는 비난과 괴로움을 동반하며 요구되는 액체가 있었으니 이름하여 '눈물'이다. 눈물은 짜고 힘이 세다. 그리고 딱풀이나 본드에 비할 수 없는 고난도의 접착력이 숨어있다. 인연을 밀도 깊게 이어 붙이기 위한 물질로서 눈물에 비교될만한 무기가 또 있을까. 그 눈물은 단순한 접착을 넘어선 거대한 응집력을 발휘하므로 상상 그 이상의 심적 유대감을 불러일으키기도 한다.

> 오늘 아침 아내가 포문을 엽니다
> 연속극에 푹 빠져있던 아내가
> 티브이도 함께 볼 수 없다면서
> 당신은, 당신이란 인간은 빵점 빵빵빵 빵의 빵점이
> 라는군요
>
> 순간 내 귀를 의심하는 나는 왠지 눈물이 주르르
> 아내 말고 누가 나에게 빵점을 줄 수 있단 말입니까
> 고맙습니다 눈물 나게 빵을 많이 줘서

-「눈물이 주르르」 부분

> 하루에 열두 번도 더 나와 헤어지는 여자
>
> 내 머릿속 내 가슴속 내 꿈속까지 들어와
>
> 온통 나를 다 차지하는 단 한 사람의 여자

-「마누라」 부분

　어느 가수의 노랫말에 사랑은 눈물의 씨앗이라는 대목이 있다. 눈물을 불러오는 것은 사랑 때문이고 사랑은 눈물 위에서 자라난다. 시인이 눈물을 흘리는 이유는 사랑하는 아내가 자신의 마음을 알아주지 못해서일 텐데 비난이나 원망보다는 빵점을 많이 주어서 오히려 고맙다고 역설한다. 빵점을 준 아내가 고맙다는 인식에는 시인이 딛고 선 현실 세계의 정체성을 강하게 부정함과 동시에 일반성을 뛰어넘는 초탈의 심리가 작용한 것이다. 그리고 그 부정성의 반발은 바로 시인의 생존전략이자 동시에 삶을 버티게 하는 자극제의 역할을 담당하기도 한다. 만물의 생명력은 생존이 위협받는 험난한 환경에서 더 존재감을 발산하려는 의욕을 드러낸다. 마치 목이 마른 난초가 향기로운 꽃을 피워내고 향을 흘려 내보내듯.
　시인의 내면이 예수나 부처나 공자보다 더 인내심을 발휘하고 있다는 자위나 믿음은 고달픈 부부의 갈등을 긍정적으로 치환하려는 목적에서 그 역할의 중대성을 품고 있다. '밴댕이 소갈머리에 방정맞고 게으르고 못하나 박을 줄 모르는 무능한 사람'이라고 비난하는 아내는 시인이 이십 초반에서 팔십 넘도록 시공간을 함께 공유했던 사람이다. 누구보다도 시인을 정확하게 간파

해줄 사람이라 믿은 아내에게 서운함이 있지만 이내 그녀로부터 분리될 수 없는 관계를 자인하고 마는 시인의 성정은 천진난만하기 이를 데 없는 아이를 연상시킨다.

아무리 전생의 원수가 만난 부부라지만 매사 부딪치다 보면 갈등과 번민이 오죽하겠는가. 부부 중 한 사람을 버려서 완벽한 하나가 되어보라고 권하던 시인 자신도 그것이 쉬운 일은 아님을 실토한다. 그러면서 아내에게 더 "지기 위해 더 둥글어져야" 한다는 다짐을 보이고 있으니 시인이 밀어붙이는 초탈 의지가 실로 점입가경에 도달한 대목을 들여다보자.

> 아내에게 지기 위해
> 더 둥글어져야겠다
>
> 자갈돌 같은 것
> 스트레스 같은 것 발 못 붙이게
> 스트레이트로 주르르 미끄러지게
>
> 아내의 바가지를
> 미끄럼 타듯 즐길 수 있게
>
> -「스트레스 즐기기」 전문

시인이 상정한 단어 "붊"이 그저 지남철처럼 들러붙는 관계구조만을 의미하지 않는 이유로서 충분한 설명이 되는 시다. 아내에 대한 부정적 인식을 배제한 연민과 애정이 유쾌하게 발휘되는 한편, 초탈의 경계를 어른거리는 시인의 해학성에는 실의에 빠진 마음을 극복하는 힘이 있다. 그 힘은 고단한 현실을 웃음으로 바꾸고 관습화된 일상을 비틀어 감정의 정화를 가져오기도 한다. 시인이 "미끄럼을 타듯" 스트레스를 즐기는 방법이 바라던 대로 성공했는지 확인할 수는 없지만 그의 극복의지가 삶을 점철해내기 위한 불가피한 사유법이란 점은 어렵지 않게 발견할 수 있다.

무소유를 지향하는 시인은 연금 통장과 유산으로 받은 논과 밭까지 아내에게 다 내어주었다. 그런데도 아직 자신에게 팔다리와 간과 쓸개가 남아있으니 그것마저 떼어주고 싶다고 한다. 간도 쓸개도 없이 사는 삶을 택하려 하고 기침이나 재채기마저 자신의 것이 아니라는 인식은 아내를 포식자로 명명하면서도 더 내어줄 것을 모색하는 모순성을 보이기도 한다. 그러나 그런 생각에 사로잡히는 것이 곧 아상我相임을 한탄하는 시인에게 아내는 매우 자극적인 존재이기도 하다. 일찍이 시인이 지향했던 '나'가 없는 세계는 아내에 대한 모순적 인식에서 출발했으나 해결 방안은 불가능에 가까운 것이었다. 하여 다 주었는데도 아내가 집을 나가라고 할 때 시인이 응수하는 방식은 한 여자의 남편으로서 지닌 불굴의 포용성은 달관의 경지에 도달했다고 봐도 과언이 아닐 것이다. 불가능한 것처럼 보이지만 내재된 진실은 역력하니 이는 '아무것도 갖지 않을 때 비로소 온 세상을 갖게 된다'라는 법정 스님의 무소유의 역리를 시인이 고스란히 간파하며 살아간다는 사실일 것이다.

앞서 말했듯 누구보다도 생활력이 강한 아내의 남편이자 시인으로서 삶을 살아가는 일은 순탄치 않을 것임에 자명하다. 엄밀히 말해 상식과 시는 그 방향성에서 첨예한 차이가 있다. 때로 어떤 시는 상식을 뛰어넘는 사유로 사활을 요구하기도 한다. 시인으로써의 삶이 밖에서는 존경받는 면모를 갖추었다 해도, 자상하다 친절하다 칭찬 일색이어도 아내의 관점에서는 '쪼잔한 좁쌀영감탱이가 하는 쓸모없는' 일로 치부되어버리니 그런 비난을 받을 때마다 시인은 혓바늘이 돋고 뜨끔뜨끔해진다고 진술한다.

가식을 배제한 시인의 솔직한 어법에서 통쾌함을 발견하는 반면, 다소 민망해지거나 당황스러움을 느끼는 독자도 없잖아 있을 것이다. 하지만 이는 정대구 시인이 아내라는 벅찬 생명력을 동원하여 자아의 내적 탐구와 방향성을 확립하고 불확실한 심층을 정면으로 돌파하면서 인간의 속성을 거짓 없이 드러내려는 매우 전투적인 모색법이다. 여기서 꿈틀거리는 욕망과 욕망의 무산은 반복되면서도 결코 염세주의적 해법으로 향하진 않는다. 육체와 사유를 뒤덮고 있는 모순을 깨트리며 출구를 모색하려는 그의 행위야말로 생명의 본질에 더 근접한 것이다. 현실적으로 거룩한 공간은 아니어도 경험으로 얻어낸 내적 세계를 객관화하는 과정에서 일어나는 온갖 갈등과 부정성과 긍정성의 대척들은 정대구 시인이 추구하는 삶 그 자체가 곧 '시'임을 증명하기 위한 형식이 아닐까.

시인의 아내가 핍박과 비난과 핀잔만을 일삼았던 대상이라면 "구두를 보내며"에서 드러나는 '낡은 구두'는 그야말로 헌신과 희생의 상징으로 부상한다.

> 굽갈이해가며 신던 낡은 구두
> 그동안 내 뜻에 순순히 잘 따라주던 너
> 마지막 가는 소신공양의 순간
> 견디기 어려운 듯 오글오글 몸을 오그라뜨리고
> 매캐한 영혼은 날아가고 끔찍한 사리만 앙상
>
> 나는 또 새 구두를 사서 신겠지만
> 보내는 아쉬움 나로서도 쉽지만은 않네요
> 진 데 마른 데 가리지 않고
> 한 십 년 가까이 고락을 함께 했던 너
> 내가 구두라도 내 몸 다 바쳐
> 너처럼 마르고 닳도록 살아가지 못했을 것
>
> 내가 당상에 오를 때 따라 오르지 못하고 당하에서
> 말없이 납작 엎드려 나를 기다려주는 나의 어여쁜 충복
> 나의 체질에 길들여진 나의 분신

몸을 통째 바치는 너의 희생 없이 나는 한 발짝도
출입을 못해
　　하지만 평생 불평 한 마디 없이 따라준
　　그 고통의 길이가 얼마나 길까 아마 하늘에 닿겠죠

　　천당 가시라 천당 가서 될 수만 있다면 신발로 태어
나지 말고
　　모자로 다시 태어나 나의 모자 되어
　　이승에서의 연을 이어 내 머리 위에 높이 앉으시게
　　나, 나의 구두여
　　남들처럼 광 한번 못 내준 이 못난 주인
　　여기 이렇게 조시를 읊나니

-「구두를 보내며」 전문

　시인과 함께 십 년 고락을 한 구두의 생을 기리는 마음은 조시를 바칠 만큼이나 갸륵하고도 애절하다. 그 낡은 구두는 시인의 말 없는 충복이자 분신이었다. 그저 단순한 무생물이 아니다. 주인의 몸을 위해 온 힘을 다 바치고 진자리 마른자리 구별 없이, 또 마르고 닳도록 함께해온 특별한 존재감을 획득하는 구두이다. 이 대목에서 시인이 내밀하게 갈망해온 이상형은 혹 구두의 성향을 지닌 사람이 아니었을까, 하는 생각이 들 만큼 그 의미와 무게는 남다르다. 험난한 세파를 건너게 해준 고마운 존재감은 오죽했으면 그의 폐기를 가리켜 소신공양이라 표출되기도 하고 천당으로 가란 극진한 인사까지 전한다. 더구나 다음 생에는 신발이 아닌 모자로 환생하길 염원하고 있다. "이승에서의 연을 이어 내 머리 위에 높이 앉으시"라고 지극한 마음으로 발원하는 시인의 내면을 통해서 그가 지배받는 것의 두려움만큼이나 자신이 흠집을 입힌 존재에 대한 자애심으로 전전긍긍하는 심약한 성정의 소유자임을 목격할 수가 있다.

위 시 "낡은 구두"를 향한 슬픔 속에는 시인과 구두가 같은 뿌리의 외로움에 닿아있음을 시사한다. 그 외로움의 공통점은 비존재감과 짓밟힌 자존감이고 끝내 세상 끝에 이르고 마는 각자가 안고 가는 한계를 인정하는 마음이다. 인생이라는 목적을 수행하는 과정에서 감당해야 했던 시인의 지난한 날들을 뒤돌아보고 공감하는 모습으로 읽어도 무방할 듯하다.

생이라는 신발에 담겨 살아온 인간과 인간의 몸을 담고 살다가 형편없이 낡아버린 구두의 존재 사이에서 일맥상통하는 점은 그들 두 존재가 지닌 성실성과 애처로움이다. 인간은 행복하기 위해 온갖 노력을 하고 신발은 그 노력의 상처를 담고 있는 극진한 배후이다. 시인이 스트레스를 즐기던 때와는 달리 낡은 구두에 감정을 이입하는 과정을 통해서 시인의 세속적 생활이 그리 녹록지 않았음을 여실히 보여주고 있다. 세속에서 무소유의 실천에 이르기까지 시인에게는 몇 켤레의 신발이 필요했을까. 그것은 어쩌면 인간이 몇 번의 생을 감당해야 거룩한 신의 생각에 도달할까, 라는 다소 추상적이고 아득한 결론을 시사하는 대목이기도 하다.

> 나는 큰 소리로 논어를 읽는다
> 아내는 시끄럽다지만
> 공자님이 못 들으실 것 같아서
>
> 나는 큰 소리로 금강경도 읽는다
> 아내는 시끄럽다지만
> 부처님이 못 들으실 것 같아서
>
> 새벽마다 나는 신약성경도 크게 읽는다
> 아내는 다 알아듣지만
> 예수님이 못 들으실 것 같아서
>
> 새벽마다 나는 뭐든 크게 읽는다
> 아내는 다 알아듣는데
> 하나님이 못 들으실 것 같아서
>
> 드디어 하나님이 알아들으셨는지
> 깊은 어둠 물리치고 곧 밝은 세상
> 큰 빛 세상에 내려주신다
>
> -「나를 위하여 세상을 위하여」 전문

나는 마누라와 한바탕 싸우고 나면

이 여편네의 무지와

고집까지를 모두 사랑하는

시를 쓰고 싶다.

지겹고 지랄 같아

진절머리가 나는 것들이라고

욕을 퍼붓는 이 여편네에겐

역으로, 그래도 이따위 투박한 시가

먹히리라는 생각이 든다.

-「아내에게 먹히는 시」 부분

   시인에게 상징이란 태초에서 우주로 확산하는 시공간 속의 발견이다. 그리고 시인은 아득한 우주에서 자신에게로 돌아오는 길에 관한 질문과 의심을 놓지 않는 존재이다. 자신이 세계의 중심임을 자각하는 사람은 본질적으로 존재 의식이 강렬하다. 아내에게 무시당하고 부당하다고 여기면서도 그의 이면에는 뜻밖에도 철옹성같은 자아가 건재하고 있었다. 그 자아는 그러나 자신이 처해 있는 환경과 충돌하거나 반발하지 않는다. 그는 혼란 속에서도 '부부'라는 개념을 해석하거나 분석하지 않고 '봄'이라는 맥락으로 이해하기로 작정한 사람이다. 자신만의 행복 공식을 수립한 사람이다. 온갖 구박과 도발을 시도하는 아내에게 그는 논어와 금강경과 신약성경을 읽어주는 사람이다. 시끄럽다며 외면하는 아내에게 그것도 큰소리로 읽어주는 사람이다. 공자나 부처나 예수가 못 들을까 염려해서라지만 그 속내는 아내에게 들려주기 위함이 더 크다. "깊은 어둠 물리치고" "밝은 세상"을 내려주시는 이가 과연 하나님일까. 시인이 언급하는 "큰 빛 세상"은 하나님이 내려준 은총이 아니라 실은 아내에게서 보이는 일련의 너그러움을 만끽하는 순간을 말하는 것이다. 천국과 지옥은 장소가 아니라 상황이란 말이 있다. 아내가 시끄럽다고 하는데도 큰 소리로 읽는 이유는 옛 성인의 말씀이나 경전 구절 혹은 성경 구절이 아내의 귀에 스며들기를 바라는, 이를테면 시인 자신과 아내를 위해 장착한 특별한 방책이자 호소법일 가능성에 더 가깝다.

그토록 아내에 대한 애정을 심중에 담고 있는 그는 급기야 시 쓰기의 방법론까지 발굴해낸다. "아내의 무지"와 "고집까지를" 사랑하는 시를 쓰고 싶고 "요사스런 글줄이나 쓴다는 것들이라고" "욕을 해대는" 아내를 포용할 수 있는 시를 쓰고 싶어진 것이다. 배웠다는 것들이 쓰는 그 "지겹고 지랄 같"은 "진절머리가 나는" 시가 아닌 아내에게 먹히는 시는 어떤 것일까. 그 고민과 절망과 간절함이 뒤섞여 표출되는 시인의 시, 결국 정대구 시인의 솔직하고 적나라한 시적 어법은 그의 아내가 분출한 갈등에서 탄생한 것이었음을 알아채게 된다. 거칠고 욕하는 아내를 위해 투박한 시를 쓰고자 고민하는 시인, 팔다리를 잘라서 다 주고 싶거니와 정신세계까지 허락해버리는 이토록 지고지순한 사랑의 연서를 또 어디에서 만날 수 있을까.

시인이 밀고 가는 세계는 크게 말하고 크게 얻고자 하는 욕망을 버린 영토이다. 수평선도 바다도 지구도 둥글다는 사실의 인식만큼이나 모든 생물학적 원형을 숙고하고 수긍하는 몸과 정신도 그의 타고난 자연스러움에서 비롯된 것으로 여겨진다. 욕망이란 껍데기를 내려놓는 순간 그의 행복 공식은 나름의 성취를 얻었고 그 성취의 차원은 작은 원형 속에서도 소우주의 실재를 그대로 간직하고 있음을 엿볼 수 있었다.

시집 후반부에서 반복하여 전개되는 조개에 관련된 시들은 시를 품고 살아가는 시인의 삶을 고스란히 함축하여 대변해주는 듯하다. 닫혀 있던 성질이 열려가는 과정에서 발견하는 생의 짠맛은 "찐득찐득한 갯벌에서 붙들려 나와 불판 위에서/ 줄줄 눈물을 짜내며 지글지글 눈물을 태우"는 모습으로 드러나고 발바닥에 불이 붙은 듯 달려가는 인간의 현실과 유사한 맥락을 담고 있다. 우리는 매일 안심할 수 없는 세계를 살아가고 있다. 삶을 위협받는 상황에서 자기 초월 의지는 이렇다 할 이유를 막론하고 무산되기 일쑤이다. 설령 그것이 상식에 근접한 모색이어도 특수한 시대적 정황에서 되풀이되는 박탈감 역시 무엇으로도 치유되지 않는다. 한계를 안겨주는 기울어진 운동장은 비극과 오류만 난무할 뿐이다.

정대구 시인이 마주친 아내와의 상호모순적인 상황이 비장함에 갇히지 않고 골계미로 극복해내는 힘은 아픔을 웃음으로 승화해냈던 우리 민족 고유의 정서를 품고 있기 때문이라고 생각한다. 분노와 웃음을 뒤섞은 그의 어조 뒤에서 현실을 감당해내는 통찰은 비록 당장 세상을 크게 이롭게 하지는 않겠지만 대상에 대한 연민과 사랑을 거점으로 형성되었기에 그 가치는 결국 따뜻하게 부각한다. 솔직히 말하자면 우리는 대상의 단점을 바로잡을 힘이 부족하다. 그 대상이 지닌 성질이 단점인지 아닌지에 대한 문제조차 지극히 개인적인 고찰이기 때문에 그것을 부정적으로 말하는 것 역시 옳지 않다. 다만 '부부'에서 '붑'이라는 새로운 의미를 창출시킨 시인에게는 가능할 수도 있다. 그는 이미 상대의 단점까지도 깊이 품어버렸고 자기 이탈의 두려움이 없으며 그러면서도 탁월한 인내심으로 무수히 자기 변모를 꾀하는 노력의 화신이기 때문이다. 그는 인생의 거대 분모를 변경해버리고 '부부'를 '붑'으로 재발견했다. 게다가 '붑'은 감정의 낭비를 최소화하는 의미로서의 개인을 확립하고 있다. 추락하는 자신을 발견하면서도 수렁에

빠지지 않고 승화하는 시인의 노련함과 지혜에 경이감 마저 느끼게 된다. 하지만 그가 제시한 '붐'의 세계가 젊은 세대들에겐 난공불락의 지대로 여겨질 경향도 없지 않다. 그들에게는 추락을 버텨내는 인내심도 버거운 일이거니와 그것을 즐기고 승화하는 힘은 더 부족할 것이기 때문이다. 또한 결혼의 당위성이 점차 약화 되어가는 시대를 살고 있고 부부의 생활에서도 상호존중의 철학이 중대한 가치로 대두되었기 때문이다. 사회문화의 속도와 개인에 따라서 세속성과 거룩함을 추구하는 방식은 달라지고 있다. 하지만 자신만의 생존전략을 찾아서 모순의 경계를 지워가는 노력으로서는 시인에 비견할 대상을 찾기 어려울 것이다. 정대구 시인, 그는 타의 추종을 불허하는 끈기와 인내심으로 모순의 삶을 품고 달관의 세계를 걸어가는 사람이다. ■